Marion
Küstenmacher

Von der *Freude* einfacher *Dinge*

Das
kleine Buch
der
Achtsamkeit

benno

Der Apfelkuchen

Wer beim Backen eines Apfelkuchens
ganz von vorn anfangen will,
muss zuerst das Universum erschaffen.

Carl Sagan

VOM URSPRUNG

Um einen leckeren Apfelkuchen zu backen, braucht es allerhand Zutaten: Eier, Butter, Mehl, Zucker, Äpfel und natürlich einen Ofen. Nichts davon war von Anfang an fertig da. Alles hat unser Planet nach und nach in einem gigantischen Evolutionsprozess hervorgebracht. An dem wir Menschen kreativ mitgewirkt haben.

Der früheste Beleg für Butter findet sich auf einem 5.000 Jahre alten sumerischen Mosaik. Der älteste Nachweis für Zuckerrohranbau führt mindestens 10.000 Jahre zurück nach Polynesien. Der Apfel stammt aus Zentralasien und wurde dort schon vor 12.000 Jahren angebaut. Dass man aus Getreidekörnern Mehl mahlen kann, fanden unsere Urahnen vor rund 105.000 Jahren heraus, als die letzte Eiszeit begann. Noch früher, etwa vor einer Million Jahren, legten Menschen gesicherte Feuerstellen in Höhlen an.

Die Eier verdanken wir Hühnern, die wiederum von gefiederten, zweibeinigen Dinosauriern abstammen. Es ist 150 Millionen Jahre her, dass sie ihre Eier auf den Boden legten. Feste Landmassen gibt es seit 2,7 Milliarden Jahren. Das Leben auf der Erde begann vor 3,77 Milliarden Jahren mit ersten Mikroben, wie in Kanada an heißen Quellen am Meeresboden nachgewiesen werden konnte. Und unser Universum, in dem all dies möglich wurde, ist 13,7 Milliarden Jahre alt. Ein unvorstellbar langer Weg, den das Universum zurückgelegt hat, um uns den Genuss eines frisch duftenden Apfelkuchens zu gönnen.

Der Stein

Wer kann den ziehenden Wolken
nachsehen oder zu seinen Füßen
einen Stein anschauen und behaupten,
es gäbe keine Wunder mehr?

Ralph Waldo Emerson

VOM STAUNEN

Bei einem Wunder geht es nicht um das, was wir für unmöglich halten. Was ein Wunder ist, hängt von unserer Deutung ab. Von unserer Fähigkeit, zu verweilen und zu staunen. Ein Wunder ist etwas, das uns die Augen öffnet für das Unglaubliche mitten im scheinbar Gewöhnlichen. Ein Stein, eine Wolke oder eine Blüte kann dann zum Tor in einen neuen Bewusstseinsraum werden. Hier zeigt sich die Welt selbst als das Wunder aller Wunder. Dass es diesen Stein überhaupt gibt. Und gleichzeitig mich, die ihn wahrnehmen kann.

Wunder sind also keine Beleidigung für den rationalen Verstand. Sie sind eine Expansionserfahrung unseres Geistes, der das rationale Denken schätzt und seinen Horizont gleichzeitig überschreitet. Staunen können angesichts einer Wolke oder eines Steins, ist eine philosophische Höchstleistung. Je mehr man die unzähligen Formen des Lebens im Allerkleinsten oder Allergrößten bestaunt, desto wunderbarer wird die Welt. Unfassbar, unvorstellbar in ihrer Komplexität. Man begreift, dass die lebendige Wirklichkeit so grandios ist, dass man sie niemals ganz erfassen kann. Aber dankbar staunend bewohnen.

Am besten formulierte es der Dichter Joachim Ringelnatz: „Überall ist Wunderland. Überall ist Leben."

Der Wassertropfen

Ergründe das Herz
nur eines Wassertropfens
und du wirst von
hundert Ozeanen durchflutet.

Mahmud Shabestari

VON DER SCHÖNHEIT

Jeder gewöhnliche Wassertropfen ist ein kristallklares Wunderwerk. Eigentlich hat er nur ganz kurz Tropfenform, dann ruht er in sich als ideale Kugel von etwa einem halben Millimeter Durchmesser. Die größten Wassertropfen schaffen zwei oder drei Millimeter. Aufgrund ihres Gewichts sind sie dann unten leicht eingedellt wie eine Bohne.

Dass überhaupt ein Wassertropfen entsteht, liegt an den beziehungsfreudigen Wassermolekülen. Sobald sie aufeinandertreffen, halten sie sich gegenseitig fest. Sie lieben es, mit ihresgleichen in Verbindung zu bleiben. Die Schönheit eines glitzernden Tautropfens beruht also auf der Anziehungskraft, auf dem grandiosen Zusammenhalt in seinem Inneren. So wird er nach außen zum Spiegel der Welt.

Vielleicht entzückt uns deshalb ein kleiner Tautropfen auf einer Blüte so sehr. Er reflektiert ihre Schönheit, kann aber ganz bei sich bleiben. Wie die Blüte auch. Ein wunderbar sanftes Beziehungsspiel, das sich wiederum in unserer Seele widerspiegelt. Es öffnet uns für die Schönheit des Lebens. Denn die Freude und Hingabe, mit der wir über einen kleinen Wassertropfen meditieren, offenbart uns etwas über die Schönheit und den Beziehungsreichtum in unserem eigenen Herzen.

Das Gefäss

Ich habe das Gefäß meines Herzens
in diese schweigende Stunde getaucht.
Es hat sich mit Liebe gefüllt.

Rabindranath Tagore

VON DER STILLE

Das menschliche Herz ist ein überaus aufnahmefähiges Organ für alles, was von außen an Bildern, Eindrücken und Emotionen auf es einstürmt. In guten Momenten läuft das Gefäß unseres Herzens über vor Freude oder Glück. In traurigen Zeiten fühlt es sich bleischwer an von Kummer und Leid, die tief hinunter auf den Boden gesunken sind. Manchmal wiederum bleibt in ihm nichts als eine trockene, öde Leere zurück und man fühlt sich wie abgeschnitten vom Strom des Lebens.

Was bringt das Herz dazu, sich wieder als das zu spüren, was es im Innersten ist, ein wundervolles Organ der Liebe?

Man kann ihm eine Stunde in Schweigen schenken. Und sich dabei eine kleine Imagination gönnen. Dazu kann man sich vorstellen, wie ganz langsam klares Wasser hineinströmt und die Herzinnenwände erfrischt. Man schaut diesem Fließen so lange zu, bis sich mitten im eigenen Herzen ein See gebildet hat. Das Strömen hört langsam auf, die Oberfläche wird glatt und ruhig. Der See ist wunderbar klar. Man sieht hinunter bis auf seinen tiefsten Grund. Wenn man gesammelt bei diesem inneren Bild bleibt, kann man körperlich spüren, wie sich das eigene Herz weitet. Wie es sich wieder als Raum von Güte und bedingungsloser Zuneigung erfährt. Und dann entdeckt man auch, schwebend auf dem Wasser der Stille, die Blüten der Liebe, die man glücklichen Herzens an andere weiterschenken kann.

Der Hut

Aus meiner Freude, Herr, dem Glück und all der Fröhlichkeit,
erbau ich mir ein Haus, mach mir ein Zimmer, Bett und Kleider, einen Hut!

Ramon Llull

VON DER FREUDE

Was macht einen glücklichen Moment aus? Wenn man fast platzen möchte vor Freude, weil sich alles richtig und rundherum gut anfühlt. Wenn die Fülle des Lebens nicht einfach nur an uns vorüberrauscht, sondern sich – mir nichts, dir nichts – in unserem Innersten ein Haus erbaut hat. In dem die pure Daseinsfreude herumwirbelt und sich in unserem Herzen ein eigenes Zimmer einrichtet. Weil sie in unserem Bewusstsein wohnen bleiben will. Es ist wichtig, der Freude diesen Raum in uns zu überlassen, wo wir sie jederzeit treffen können. Selbst in schwierigen Zeiten wird sie uns ihre Tür öffnen und ein Bett anbieten. Oder ein kleines Trostpflaster. Sie wird uns an geschenktes Glück und wahrhaft tiefe Freudenmomente erinnern, die wir einmal empfinden und auskosten durften. Lebensfreude, die uns niemand mehr nehmen kann. Die uns stark macht und behütet.

Und die uns über uns hinauswachsen lässt. Denn echte Herzensfreude, geboren in einem Augenblick des Glücks, quillt vor lauter Überschwang aus uns heraus. Sie will andere anstecken, zur spontanen Mitfreude einladen. Keiner soll diesen Anlass zur Freude verpassen. Alle sind eingeladen, sich mitzufreuen. Die eigene Fröhlichkeit mit anderen zu teilen und zu genießen, ist der heiterste Akt der Selbstüberschreitung. Die Freude baut sich nicht nur in uns ein Haus. Sie stellt uns in einen viel größeren Raum der Verbundenheit und schwenkt dort strahlend ihren Hut: „Freut euch mit mir, zieht bei mir ein!"

Die Fichtennadel

Jede kleine Fichtennadel dehnte sich und
schwoll vor Sympathie und war mein Freund.
Ich empfand deutlich die Gegenwart von etwas mir Verwandtem.

Henry David Thoreau

VON DER FREUNDSCHAFT

Die Freundschaft mit der Natur bindet uns in ein Gewebe aus unsichtbaren Beziehungen ein. Leben kann man nicht allein, es ist immer ein Leben mit und zwischen anderen. Die ganz große Sinfonie des Lebens. Ganz gleich, wo wir uns auf dieser Erde befinden. Wer sich in die Gesellschaft von Bäumen, Blumen, Steinen, Wolken, Sternen, Flüssen oder Tieren begeben will, braucht Zeit und Geduld. Dazu einen behutsamen Schritt, achtsame Bewegungen, einen wachen Geist. Zur Belohnung öffnen sich die Sinne für Farben, Strukturen, Schattierungen, Düfte, Spuren und Klänge. So entsteht eine Nähe zu unseren natürlichen Verwandten, die unsere Seele in feinste Resonanz bringt. Mit der Wunderwelt, die wir mit allen Wesen und Organismen auf diesem blauen Planeten teilen. Mit der Sympathie, die uns entgegenkommt und alles miteinander verbindet.

Henry David Thoreau konnte diese Sympathie sogar in kleinen Fichtennadeln spüren, weil er zwei Jahre in einer winzigen Hütte mitten im Wald lebte und in ständigem Dialog mit der Natur war. Wörtlich bedeutet Sympathie Zuneigung und Mitgefühl, es kommt vom griechischen Wort *sympathein*, mitleiden. Die Freundschaft mit der Natur hilft uns, ihre Leiden zu verstehen, die wir ihr zugefügt haben. Sie spornt uns an, diese zu lindern. Und sie spürt das geheimnisvolle Wohlwollen unserer tierischen und pflanzlichen Freunde und Mitgeschöpfe. Die uns mit ihrer leisen Präsenz sagen: „Sei mein Freund! Ich kann dich so gut leiden!"

Die Weintraube

Trotz all der Planeten, die um sie kreisen und von ihr abhängen,
kann die Sonne eine Weintraube reifen lassen, als ob sie
im ganzen Universum nichts anderes zu tun hätte.

Galileo Galilei

VON DER FREIGEBIGKEIT

Wenn man sich die gigantischen Dimensionen des Universums vorstellt, ist es wie ein Wunder: Unsere Sonne ist ein 4,57 Milliarden alter Stern mit einem Durchmesser von 1,4 Millionen Kilometern. Und dieser Stern kann seine Lichtenergie auf grandiose Weise verschwenden und in rund 150 Millionen Kilometer Entfernung alles Leben auf der Erde ermöglichen. Gleichzeitig ist das Sonnenlicht so treffsicher, dass seine Strahlen auch eine winzige Weintraube erreichen und sie als süße Frucht reifen lassen. Das Universum hat sich mithilfe der freigebigen Sonne in einer einzigartigen Weinbeere verwirklicht.

Der gleiche kosmische Aufwand wurde und wird auch für uns betrieben. Die ganze Unermesslichkeit der Schöpfungsgeschichte hat es geschafft, uns hervorzubringen. Die Entstehung unseres Sonnensystems, die gesamte Evolution, die vielen Generationen unserer Vorfahren, all das lief darauf hinaus, dass es diese unglaubliche menschliche Vielfalt geben konnte. Zugleich gelang es dem großzügigen Kosmos, dafür zu sorgen, dass wir alle einzigartig sind. Die Kreativität des Universums hat durch uns unendliche Möglichkeiten zur Bewusstwerdung für Güte und Dankbarkeit hervorgebracht. Diese Freigebigkeit ist unser bestes Erbe. Wenn wir uns ins Licht gebündelter Großzügigkeit stellen, reift als Frucht der kosmischen Fülle das Glück im Hier und Jetzt heran.

Die Kartoffel

Wenn du liebst, spielt es keine Rolle,
ob du Kathedralen baust oder
in der Küche Kartoffeln schälst.

Dante Alighieri

VON DER HINGABE

Es ist nicht immer leicht, seine Arbeit zu lieben, wenn viel Routine dabei ist. Der Geist ist hungrig nach Abwechslung, nach Neuem, Aufregendem oder Großem. Er möchte mit Informationen, Wissen und Unterhaltung gefüttert werden. Viel Wiederholung langweilt ihn. Die Hände aber lieben Wiederholung. Sie werden immer geschickter dabei, ganz gleich, ob wir schreiben lernen, Klavier spielen, zeichnen, Haare schneiden, schnitzen, stricken, ein Pferd striegeln oder Kartoffeln schälen. Für unsere Hände ist Wiederholung der Königsweg, damit aus Routine erst Können und aus Können schließlich Meisterschaft wird. Sie entwickelt sich, wenn zu allem, was man mit geübter Hand tut, noch ein wacher Geist, Liebe und Hingabe dazukommen.

In Indien beschäftigt man traditionell noch immer gerne einen Brahmanen als Koch. Brahmanen sind Mitglieder der höchsten Priester- und Gelehrtenkaste. Sie bauen keine Kathedralen. Aber sie erfüllen ihre Küche mit Heiterkeit und Nachsicht. Sie achten auf äußerliche Sauberkeit genauso wie auf die eigene innerliche Reinheit. Sie rühren nicht einfach in einem Topf, sondern bereiten das Essen mit Bewusstheit und Hingabe zu. Damit die Liebe wirklich durch den Magen gehen kann.

Die Vase

Von jetzt an wird dich nicht einmal die
kleinste Staubflocke belästigen.
Tag und Nacht in meiner Fürsorge
wirst du nie mehr einsam sein.

Meister Ryōkan

VON DER SORGFALT

Sorgfalt ist Achtsamkeit im Tun. Sie ist bereit, sich um etwas zu kümmern, etwas zu pflegen und zu behüten. Sorgfalt ist eine Qualität, die täglich praktiziert werden will. Auch und gerade im Alltag mit seinen langweiligen Routineabläufen. Hier kann man sich darin üben, mit Sorgfalt ein Hemd zusammenzulegen, einen Tisch zu decken, ein Protokoll zu schreiben oder ein Meeting vorzubereiten. Die Ordensregel des heiligen Benedikt erwartet von den Mönchen, dass sie alle Gegenstände des Klosters mit der gleichen Sorgfalt behandeln wie das kostbare Altargerät in der Kirche. So werden alle materiellen Dinge, auch die bescheidenen, kostbar. Die Fürsorge, mit der sie gepflegt werden, macht sie zu Symbolen, durch die man das Heilige im Alltag spüren kann.

Sorgfalt beansprucht nicht den ersten Platz, sonst wäre sie aufdringlich und pedantisch. Sorgfalt wirkt im Hintergrund, um der Schönheit den Vortritt zu lassen. Sorgfalt bereitet den Boden für Ruhe und Gelassenheit. Mit Sorgfalt kann man in einem Raum nicht nur Ordnung schaffen, sondern ihn auch in eine angenehme Umgebung verwandeln. Und in Beziehungen stiftet Sorgfalt ein grandioses Fundament für den guten Umgang miteinander. Man braucht sich nur einmal vorzustellen, dass wir Menschen uns gegenseitig mit der gleichen Fürsorge und Achtsamkeit behandeln, wie Meister Ryōkan seine Vase. Von Einsamkeit kann dann bei so viel Sorgfalt keine Rede mehr sein.

Die Treppe

*Ein Mensch muss zuerst
zu sich selbst zurückfinden, zu seinem Selbst,
als wäre es eine Treppe,
auf der er zu Gott aufsteigen kann.*

Augustinus

VON DER SELBSTFINDUNG

Die Suche nach dem Selbst ist die Suche nach Gott. So lehren es die großen spirituellen Meister in Ost und West. Wer zu seiner innersten Mitte findet, wird an diesem Punkt dem Einen begegnen, der alles umfasst, alles verbindet, alles durchdringt. Ein Gottesversteck: Wir müssen Gott nicht irgendwo in weiter Ferne suchen. Das Göttliche wohnt in uns. Es ist unser großes Selbst im Unterschied zum Ich, das uns durch den Alltag navigiert. Alles Gute, wonach man sich von ganzem Herzen sehnen kann, macht unseren innersten Kern aus: bedingungsloses Angenommensein, unverbrüchliche Liebe, höchste Verbundenheit.

Die Suche danach ist eine Sache des Ichs. Es kann sich als Direktor unserer Persönlichkeit auf seine vielen Alltagsgeschäfte im Außen beschränken. Es kann sich aber auch in aller Freiheit Schritt für Schritt auf den Weg machen, um sich im Selbst zu finden. Man erlebt dabei etwas Paradoxes: Wer tapfer die Stufen in seine eigenen Untiefen hinabsteigt, steigt gleichzeitig die Seelentreppe hoch zu Gott. Wer seine Schattenseiten aufdeckt, tritt ins Licht. Wer an seine Grenzen gerät, berührt das Grenzenlose. Wer ans Ende kommt, schaut ins Unendliche. Es ist wie bei einer Treppe. Jede Stufe führt zugleich nach unten und nach oben. Denn Ich und Selbst sind verbunden und Teil des einen Ganzen.

Das Bad

Alles Sein ist in Gott gebadet.
Meister Eckhart

VON DER ALLVERBUNDENHEIT

Was Naturwissenschaftler heute erforschen, ist ein neuer Blick auf das Ganze. Für viele Menschen ist es noch wie selbstverständlich, sich als getrenntes Individuum zu verstehen. Aber dieses Gefühl völliger Unabhängigkeit oder Getrenntseins täuscht. Kein Mensch ist eine Insel für sich allein. Wir sind soziale Wesen, miteinander verbunden. Auch mit den Tieren und Pflanzen, von den kleinsten Elementarteilchen bis hin zu den Sternen und Galaxien in der gigantischen Tiefe des Kosmos. Zusammen sind wir unendlich viele Ausdrucksmöglichkeiten eines geheimnisvollen Ganzen. Was immer war, was jemals sein wird, der ganze Reichtum des Lebendigen ist in diesem Ganzen gebadet.

Unsere Vorfahren haben es Gott genannt, das Allumfassende oder das Eine. Schon der Apostel Paulus wusste: „Wir *leben in* Gott, wir sind mit unserem ganzen Leben und Sein in ihn hineinverwoben." Mit allem, was ist, baden wir unser Leben lang darin. Es durchtränkt alles. Es spiegelt sich in allem, was uns begegnet. Was uns anzieht. Was uns befremdet. Was uns tröstet. Was uns entzückt. Manchmal wird man sich dieses göttlichen Bades unmittelbar bewusst. Dann spürt man nichts als eine helle Zustimmung im Herzen und das Glück der Allverbundenheit.

Der Stall

Frieden machen heißt, den Stall weit genug bauen,
damit die ganze Herde darin schlafen kann.

Antoine de Saint-Exupéry

VON DER FRIEDFERTIGKEIT

Frieden ist keine feste Sache. Er ist fragil. Er will jeden Tag aufs Neue gewollt und aktiv gestaltet werden, so wie ein Stall täglich gepflegt und mit frischem Stroh ausgelegt werden muss. Der Stall, in dem der Frieden wohnen kann, sollte auch nicht zu klein geraten sein. Weit und einladend wird er durch praktizierte Friedfertigkeit. Sie sagt: Hier ist für uns alle Platz. Es ist schön, wenn wir hier zusammenkommen. Keiner muss die Nacht allein verbringen. Keiner muss draußen in der Kälte bleiben, wir wärmen uns hier gegenseitig. Wir teilen, was wir haben. Wir fühlen uns reicher und sicherer in einer großen Gemeinschaft. Wir beschenken uns gegenseitig mit Rücksichtnahme und Wertschätzung.

Gemeinsam in Einklang und Frieden mit anderen zusammen zu leben, gelingt am besten, wenn wir auch im „Stall der Selbsterkenntnis" nach dem inneren Frieden suchen. Diesen Stall baut man in der geistigen Welt der Seele. Groß und weit wird er, wenn man sich im Verzeihen übt. In Toleranz und Gelassenheit. In Großzügigkeit und Verträglichkeit. Das sind die wertvollen Baustoffe der Seele. Nicht unbedingt leicht zu bekommen. Aber ihre noble Qualität ist jede Bemühung wert! Sie sorgt dafür, dass man im eigenen Inneren Herzensfrieden spürt und im gemeinsamen Stall des Lebens Harmonie um sich herum. In einem solchen Stall kann Gott zur Welt kommen.

Bibliografische Information der Deutschen Nationalbibliothek. Die Deutsche Nationalbibliothek verzeichnet diese Publikation in der Deutschen Nationalbibliografie; detaillierte bibliografische Daten sind im Internet über http://dnb.d-nb.de abrufbar.

Bildnachweis

Cover: © stock.adobe.com/Anna-Mari West, S. 7: © Rimma Bondarenko/shutterstock.com, S. 9: © Stefano Buttafoco/shutterstock.com, S. 11: © Kuttelvaserova Stuchelova/shutterstock.com, S. 13: © Vitalina/istockphoto.com, S. 15: © l_oocoskun/123RF.com, S. 17: © Dark_Side/shutterstock.com, S. 19: © stock.adobe.com/Stefan Körber, S. 21: © stock.adobe.com/Sea Wave, S. 23: © pixabay, S. 25: © stock.adobe.com/tatsuya, S. 27: © pixabay, S. 29: © Andrew Linscott/istockphoto.com

Besuchen Sie uns im Internet:
www.st-benno.de

Gern informieren wir Sie unverbindlich und aktuell auch in unserem Newsletter zum Verlagsprogramm, zu Neuerscheinungen und Aktionen. Einfach anmelden unter www.st-benno.de.

ISBN 978-3-7462-6093-8

© St. Benno Verlag GmbH, Leipzig
Umschlaggestaltung: Rungwerth Design, Düsseldorf
Gesamtherstellung: Arnold & Domnick, Leipzig (A)